코끝에서 크레파스 냄새가 났다

선유서가

코끝에서 크레파스 냄새가 났다

북 씨

이불을 머리끝까지 덮었다
코끝에서 크레파스 냄새가 났다

목차

1부 고양이가 된 기분

굿나잇앤굿럭	16
예감	18
고양이가 된 기분	20
삐그덕 소리가 나기 시작했다	22
불청객	24
정해진 일	26
보이지 않는 것	28
묻지 못한 말	30
욕심	32
오래된 노래	34
네가 좋아하던 영화	36
바람	38

2부 파도는 울음을 그칠 줄 모르고

희망고문	42
모래성	44
괜찮을까	46
너에게 가는 길	48
빈자리	50
그리운 것들	52
그럴지도 몰라	54
우선순위	56
파도는 울음을 그칠 줄 모르고	58
선물	60
삿포로	62

3부 사실 괜찮지 않았어

사실은	66
행운	68
아무렇지 않지 않은 사람	70
널 사랑하는 게 아니고	72
선택	74
외면	76
미련	78
당신이 미워서	80
마음 먹는 일	82
내 차례입니다	84
우스운 이야기	86
오늘 같은 날	88
벚꽃놀이	90
다시 그곳에 갈 수 있나요	92

4부 코끝에서 크레파스 냄새가 났다

홍매색 크레파스   96

파도   98

파인애플   100

파인애플2   102

사주   104

설레는 상상   106

그러니까 내 말은   108

좋은 하루   110

광장시장   112

겨울 바다   114

새해 인사   116

Fine   118

감사합니다   120

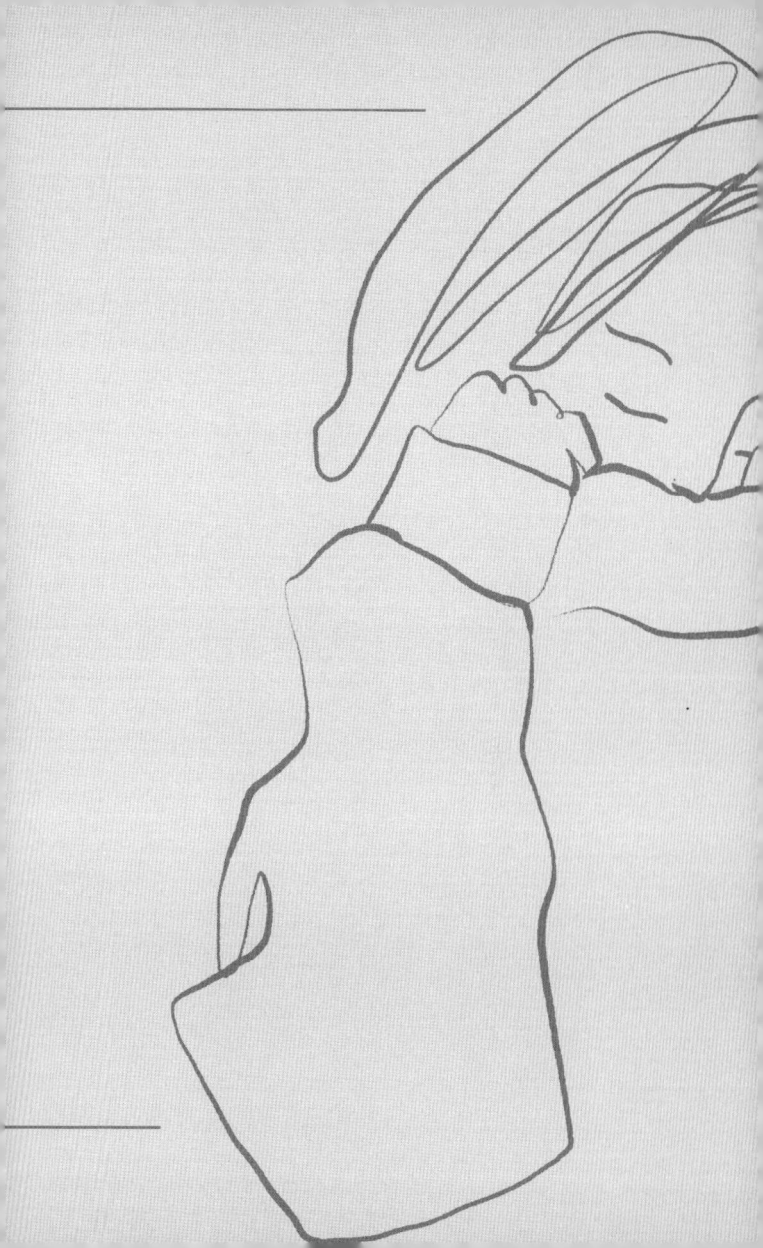

1부

고양이가 된 기분

굿나잇앤굿럭

잘자라는 네 인사가 영영 행복하라는 말 같아서

나는 밤마다 겁이 나

예감

내가 사람을 볼 때 눈을 본다는 걸
나는 너를 만나고 처음 알게 됐어

유난히 반짝이던 너의 눈이
자꾸만 아른거려서
계속 눈길이 가서
그제서야
내가 너의 눈을 바라보고 있다는 걸 깨달았지

당신의 눈빛이
내게 얼마나 많은 말을 하고 있는지
알게 된 그 순간부터
그 눈 속에 담긴 마음을 느끼게 되면서부터
사실 나는 예감했는지도 몰라

그 눈에서 더이상 사랑이 느껴지지 않게 되는 날
내가 얼마나 가슴 아플지

고양이가 된 기분

고양이는 귀엽고 사랑스럽다
말썽을 부리거나 말을 안 들으면 금세 짜증이 나지만
내가 고양이를 사랑하지 않는 건 아니다
꼬박꼬박 밥도 주고 화장실도 치워주고
놀아달라고 칭얼대면 곧잘 놀아주기도 한다

하지만 나는 온종일 함께 있어 줄 수 없고
원하는 게 정확히 뭔지 알 수도 없다
하염없이 울어 댈 때면 아무리 어르고 달래도 소용이 없다

아침 일찍 나갔다가 밤늦게 돌아올 때면
문 앞까지 나와서 나를 애타게 기다리고 고양이를 본다
그럴 때마다 어찌나 마음이 아픈지
얼마나 미안한 마음이 드는지
알아듣지도 못하는 애를 붙들고
미안하다며 한참을 쓰다듬는다
그렇지만 다음날도, 그다음 날에도
나는 아침부터 밤까지 고양이를 혼자 둔다

고양이와 눈이 마주칠 때마다 죄책감이 느껴지지만
애써 외면하며 생각한다
나는 고양이와 다를 게 없구나

너도 날 볼 때면 그런 마음일까
사랑스러운 건 아주 잠깐이지
나를 위해 네가 할 수 있는 건 딱 거기까지
온종일 네 삶을 살다가 지칠 때쯤 집에 돌아오면
널 기다리는 고양이를 쓰다듬어 주는 정도
딱 그만큼의 마음, 딱 그 정도의 사랑

난 고양이가 된 기분이다
하루 종일 네가 오기만을 기다리다
네 손길 한번 스치면 그렇게 또 하루를 살아가는
네가 날 계속 혼자 둔다 해도
너를 벗어날 수 없는 고양이

삐그덕 소리가 나기 시작했다

눈에도 잘 보이지 않던 희미한 갈라짐 속에서
삐그덕 – 하고 소리가 나기 시작했다
그 움직임은 너무도 작아서
당신도 나도 듣지 못했다

우리는
그 틈 사이로 새어 나오는 신음 소리를 알지 못한 채로
점점 더 갈라졌다

멀어져 갔다
아무런 말도 없이
그 어떤 신호도 없이
처음부터 하나가 아니었다는 듯이

우리는
다른 방향으로 걷고 있었다
다시는 하나가 될 수 없다는 걸 알고 있는 사람들처럼
서로를 부르지도 바라보지도 못한 채

불청객

사랑을 하는 순간에는
헤어짐이, 이별이
내게는 일어나지 않을 먼 일 같았다
우리에게는 해당사항이 없는
동화 속 이야기 같았다

헤어짐은
준비를 하고 맞이할 수 있는 일이 아니었다
아무리 준비를 해도 괜찮을 수 없는 일이었다

이별은
사랑을 하는 순간에도
사랑이 끝나는 순간에도 불쑥불쑥 찾아왔으며
그 어떤 순간에도 환영받지 못했다

정해진 일

당신의 무심한 행동 하나가
나를 저 구석으로 밀어 넣는다
무방비한 상태로 밀려나버린 나는
그곳에서 당신을 하염없이 기다린다

아무리 기다려도 당신은 오지 않는다
나는 직감적으로 당신이 오지 않을 것임을 안다
이유는 알 수 없고
안다고 한들 달리 할 수 있는 건 없다
그리고 나는 오지 않을 당신을 그곳에서 다시 기다린다

당신은 오지 않고
나는 어디로도 갈 수가 없다
당신이 오지 않으면
나는 달리 할 수 있는 게 없다

처음부터 정해진 일이었다

보이지 않는 것

앞이 안 보인다는 건 거짓말
사실은 어렴풋하게나마 눈앞에 놓여 있는데
외면할 뿐
스스로에게 솔직하지 못할 뿐
보이는 것을 그대로 받아들이는 게 두려울 뿐
보이지 않는 것은 아무것도 없다

묻지 못한 말

그러지는 말걸 그랬어
헤어지자는 네 말에
묵묵부답을 하지는 말걸 그랬어
그게 이렇게 사무치게 후회가 될 줄은 몰랐어

진심이냐고, 이제 사랑하지 않느냐고,
후회하지 않겠냐고 묻고 싶었는데
그 어느 것 하나 묻지를 못한 게
이렇게 두고두고 후회가 남을지 몰랐어

그때 내가 물었다면
돌아오는 답이 상처는 됐겠지만
이렇게 끝없이 슬프지는 않았을 텐데 말야

욕심

사실 아무한테도 말하지 못했지만
말하고 싶지 않지만
나는 아직도 네가 보고 싶어
사실은 여전히 사랑하고 있는지도 모르겠어

다시 너를 만나는 상상을
하루에도 몇 번씩 하는 내가 싫지만
그런 상상을 할 때마다 네 모습이 너무 선명해서
자꾸만 네가 보고 싶어져

너는 잘 지내고 있니?
아마도 그렇겠지
그치만 조금은 내 생각 했으면 좋겠다
내 욕심이겠지만
그래도 우리 서로 많이 사랑했잖아

오래된 노래

네가 노래를 불러주던 날이 생각나
비가 내리고
우리는 차 안에 앉아서 노래를 듣고 있었는데
그날 네가 불러주던 노래에
가슴이 뛰던 게 기억나
그런데 무슨 노래였냐고 차마 묻지를 못했어

그때 그 노래가 뭐였는지 도통 기억이 나질 않아
언젠가 물어볼 날이 있을 줄 알았는데
그런 날은 아마 오지 않을 것 같아

네가 좋아하던 영화

네 연락을 기다리다가
네가 좋아한다던 영화를 보기 시작했어
잘 알지도 못하는 그 영화를 끝까지 보고 나니까
왠지 더 가까워진 느낌이 들어서 기분이 좋더라고
영화가 너를 참 닮았더라
아니 네가 영화를 많이 닮아있더라고

너는 이런 사람이구나,
이런 사람이 되고 싶구나 하는 생각이 들더라고
나는 네가 멋있는 사람이라고 생각했어
멋있게 성장하는 너를 내내 지켜보고 싶었는데
그러지를 못하고 이렇게 글을 써

너는 지금 어떤 사람이니?
닮고 싶어 하던 그 영화 속 주인공처럼
멋진 사람이 되었니?
나는 아직 너처럼 멋진 사람을 만나지 못했어

바람

사실 너는 나를 벌써 잊었는지도 모른다

처음부터, 헤어짐을 말하던 그 순간부터
나를 까맣게 잊고 살아가는지도 모른다

아마 그럴지도 모른다고 생각하지만
그래도 여전히 네가 그러지 않기를

나를 조금은 잊지 못하기를
가끔은 너도 내 생각을 하기를
그래도 한 번쯤은 후회해 주기를

언젠가는 내 행복을 빌어주기를

2부

파도는 울음을 그칠 줄 모르고

희망고문

내가 누군가를 바꿀 수 있을 거라는 착각
누군가 나를 바꿔 줄 거라는 기대

모래성

내가 그토록 갖길 원했던 건 고작 하나였다
손에 움켜쥐면 가질 수 있다고 믿었던
고작 하나뿐인 내 바람은 그저 모래성에 불과했고
오래도록 쌓아올려 완성한 내 하나뿐인 모래성은
이미 물에 잠긴 지 오래였다

괜찮을까

네 앞에서 엉엉 울어버릴 수만 있다면
그럴 수만 있다면 내 마음이 조금은 나아질까

나를 사랑하는 너를 붙들고 나를 발가벗기면
내 마음을 네가 알까

두 눈을 마주하고 진실을 고백하면
과연 우리는 괜찮을까

너에게 가는 길

목적도 목표도 정확히 알지 못한 채
앞이 아닌 땅만 보며 달려온 기분이야
숨이 차서 멈췄는데
여기가 어딘지 잘 모르겠는 기분

내가 어디를 가려고 길을 나선 건지
기억이 나질 않아서 한참을 멍하니 서있었어
가만히 생각해 보니 너에게 가는 길이더라고

이제 더이상 너는 그곳에 없다는 걸 아는데
나는 여전히 이 길 위에 있어

되돌아갈까도 생각해 봤지만
돌아갈 곳도 돌아가고 싶은 곳도 없어서
그냥 내가 선 자리에서
한 발 더 내딛는 것 밖에는 할 수 있는 게 없어

네가 아직 그곳에 있었다면 이 길이 조금은 더 수월했을까
그랬다면 나는 땅이 아닌 앞을 보고 걸었을까
내 앞에 있는 널 만났을까

빈자리

날 두고 다른 사람을 바라보는 네가 용서가 되지 않았다
미워하고 미워하고 또 미워하는 시간을 보내고
상처가 아물기를 바라며 시간을 견디고 나니
아무것도 남지 않은 네가 보인다

그 무엇도 남아있지 않은 너의 마음을 본다
텅 비어버린 그 마음을 다시 채우지 못하면 어쩌나
하는 걱정을 해본다
내 마음도 아닌데, 내가 채워줄 것도 아니면서
나는 그 빈자리가 신경 쓰인다

이제는 더이상 미워하는 마음이 들지 않고
미안한 마음이 든다

이제 와 네게 미안하다고 하면 너는 뭐라 말할까
이제는 다시 돌이킬 수 없는데
다시는 사랑할 수 없을지도 모르는데
이런 내 마음이 무슨 의미가 있을까

그리운 것들

희뿌옇던 요 며칠간의 감정들이 점점 명확해진다
이제는 그게 무엇이었는지 알게 됐다
결국 그렇게 되어버렸다

나는 아마도 그리운 것 같다
그때가, 그들이, 그 시절의 내가

아니 이건 확실히 그리워 하는 게 맞다
다시 돌아가고 싶다고 생각하자
다시 돌아갈 수는 있나, 하는 생각이 들었고
나는 정말로 돌아갈 것인가, 하는 질문이 따라왔다

마지막 질문에 나는
선뜻 대답하지 못할 것이다
그렇기 때문에 나는
지금 이 자리에 이렇게 있는 것이다

그럴지도 몰라

나 그때는 정말로 행복했던 것도 같아
매일 밤 네 곁에서 잠들고 눈 뜨던 그 순간에는
그게 얼마나 큰 행복인지 몰랐는데
돌이켜보니 그때만큼 행복한 순간이 다시 올까 싶어져서
조금 서글퍼

그게 행복이라는 걸 그때 알았더라면 어땠을까
지금보다 조금은 더 행복했을까
아니, 조금만 더 일찍 깨달았더라면
지금보다는 덜 불행했을지도 모르겠어

나는 벌을 받고 있는지도 몰라
이제 다시는
그런 행복을 찾을 수 없을지도 모르고

우선순위

정말로 중요한 건 너였는데 내가 그걸 몰랐다
마지막에 우리가 헤어졌던 이유는
아마도 내가 그걸 몰랐기 때문이겠지

나한테 진짜로 중요한 건 너였는데
그걸 너도 나도 그 누구도 몰랐던 거
그게 우리의 헤어짐의 이유였다

더 소중히 했어야 했는데 나는 그러질 못했고
너도 그런 나를 만나는 게 힘들었을 것이다

나는 뭐가 중요한 지 정말 하나도 몰랐구나
그걸 이제 와서야 알다니
진짜로 중요한 건 너였는데
내가 그걸 몰랐어

파도는 울음을 그칠 줄 모르고

셀 수 없이 많은 파도를 맞고
쓸려 보내고
그때마다 스쳐갔던 사람들은
다 어디로 가버린 걸까

지칠 줄 모르고 밀려오는 파도에
이제는 흔적조차 희미해진 그 이름들
나지막이 불러봐도 목소리는 나오지를 않고
눈처럼 하얀 파도만 철썩하고 소리를 낸다

파도의 울음을 같이 들어줄 이는 이제 없는데
일렁이는 파도는 울음을 그칠 줄 모르고
나는 애꿎은 입술만 깨무는 것이다

선물

쇼핑 중에 마주치는 커플을 볼 때마다
네가 자주 입던 스타일의 옷을 발견할 때마다
떠오르는 너를 떨쳐내기가 힘들었다

우리가 다시 만나지 않더라도
그냥 이 옷은 너에게 참 잘 어울릴 것 같은데
우리가 친구로라도 남았더라면
나는 분명 이 옷을 너에게 선물했을 거야
분명 그랬을 거야

결국 전하지 못할 선물을 사들고
집으로 돌아왔어

삿포로

집으로 돌아오는 길, 눈이 내리기 시작했다
처음엔 아주 천천히 예쁘게도 내리는구나 싶더니
어느새 눈덩이가 부풀어 있었다

도로는 온통 하얗게 변해있었고
사람들은 저마다 갈 길이 바쁘다
신호등 앞에 차를 세우고
신호가 바뀌길 기다리는데

순간, 삿포로에 와있는 기분이 들었다

내가 본 삿포로는 3월의 끝자락이라서
펑펑 눈이 내리지도 않았고
온 세상이 하얗게 보이지도 않았는데
나는 마치 삿포로에 와있는 기분이 들었다
아직 가보지 못한 눈 내리는 삿포로에
나 홀로 서있는 기분

당신은 지금 어디에서 이 눈을 보고 있을까
당신도 이 눈을 보면서 삿포로를 떠올릴까
그러다 곧 내 생각을 할 수도 있으려나

이렇게 눈이 펑펑 내리는 날에는 자꾸만 당신이 그립다

3부

사실 괜찮지 않았어

사실은

괜찮다고 생각하면 괜찮아질 거라고,
그렇게 믿으면 그럴 거라고 생각한 그 순간부터
사실 괜찮지 않았어

행운

나와 눈을 마주치지 않는 너 때문에
나는 머릿속이 아득해진다
이럴 줄 알았더라면 그러지 않았을 텐데
하는 이미 늦어버린 후회를 되뇌면서
차가워진 너의 눈빛을
어떻게 하면 되돌릴 수 있는지 생각한다

그러나 별다른 방도가 떠오르지 않는다
그 어떤 말로도
너를 다시 내 앞에 데려다 놓을 수가 없을 거라는
불안감이 닥쳐온다
그리고 나는 생각한다

그래 결국 이렇게 될 일이었어
나한테 너 같은 행운이 있을 리가 없는데
어쩐지 너무 행복하다 했지 뭐야

아무렇지 않지 않은 사람

날 탓하는 게 아니라고 했지만
너는 후회하고 있었잖아

나 때문이라고 말하진 않았지만
나를 원망하는 눈으로 바라봤잖아

아무렇지 않은 척했지만
나는 아무렇지 않지 않아

널 사랑하는 게 아니고

실은, 나는 널 사랑한 게 아니고
날 사랑하는 널 사랑했던 것 같아

이제는 너도,
날 사랑하는 너도 존재하지 않아서
아무도 사랑할 수 없게 돼 버렸어

단 한 번도 나는
너를 사랑하지 않았는지도 모르겠어
아니 실은 사랑했는지도 모르지

중요한 건
이제 날 사랑하는 너도
널 사랑하는 나도 없다는 거야
이제 남은 건 아무것도 없어, 그렇지?

선택

어떤 선택을 하든지 상처 받지 않을 수는 없다면
나는 과연 무엇을 택해야 할까
아니, 선택을 할 기회가 있긴 한 걸까

외면

내가 아무리 울며 소리쳐도
너는 알 수 없다는 표정만을 지을 뿐이다

내가 왜 고통받는지
무엇이 나를 이렇게 옥죄어 오는지
알고 싶지 않다는 듯한 너의 목소리가
나를 또 한 번 찌른다

이제 나는 너에게 찔린 곳을 돌볼 힘조차 없다

미련

이미 종결된 이야기의 끄트머리를 붙들고
이리저리 헤집고 다닌 꼴이라니
원망도 슬픔도 흩어진 채
내 손에 남겨진 작디작은 조각만이 나를 쳐다보네

당신이 미워서

그랬습니다
당신이 바닥으로 내려앉을 때 곁에 있어주고 싶었습니다

당신이 그랬던 것처럼
내가 한없이 주저앉아 나락으로 떨어질 때
당신이 내 손을 잡아준 것처럼
나도 언젠가 당신이 위태로울 때
주저앉아 일어설 수 없을 때 곁에 있겠다고
떠나지 않고 당신 손을 잡아주겠노라
다짐한 날이 있었습니다

그런데
그런 당신이 너무 밉고 괘씸해서
손을 놓고 말았습니다
주저앉은 당신을 보고도 못 본 체 지나칩니다

이런 내가 싫고 그런 당신이 미워서
나는 오늘도 마음으로 눈물을 삼키고
뜬눈으로 밤을 지새우나 봅니다

마음 먹는 일

마음만 먹으면 네 목소리를 들을 수도 있고
당장 너에게 달려갈 수도 있는데
그 마음을 먹는 일이 내게는 가장 어려운 일이라
아마 우리는 다시 이야기를 나누거나
얼굴을 마주하는 일은 없을 것이다

물론,
전화를 걸어도 네 목소리를 듣지 못하고
너에게 달려가도 그곳에 네가 없을지도 모르지만

내 차례입니다

당신의 고통을 나는 공감할 수 있어요
나 또한 그랬으니까

그러나 그 고통이 나로 인한 것이라 해도
나는 당신에게 해줄 것이 없어요
당신 또한 그랬으니까

내가 고통 속에 몸부림칠 때
당신도 나를 돌아봐주지 않았으니까
당신도 내 고통을 알면서 외면했으니까

이제 내 차례입니다
나를 원망하지 말아요

우스운 이야기

그는 지난 연애를 아직 못 잊었다고 했다
그리고 그 말을 들은 나도
그렇다는 걸 깨달았다

아직 너를 잊지도 못했으면서
다른 사람의 마음이 궁금했다니
나도 참 우습다

오늘 같은 날

이런 날이면,
아무것도 아니고 싶어진다

너도 나도 아무런 감정도 없는 곳에서
아무런 생각도 하지 않은 채로
하루하루를 살아가고 싶어진다

그걸 행복이라 부를 순 없어도
아픔이라 말할 순 없을 테니까
그냥 행복도 아픔도 없는 날들을 살아가고 싶어진다

오늘 같은 날이면,
이렇게 해는 구름에 가려 잘 보이지 않고
비가 올 듯 말 듯,
방 안의 공기가 축축해지는 날이면
혼자 덩그러니,
네가 없는 이곳에서 영원히 혼자 남겨지고 싶어진다

벚꽃놀이

분명 어제도 지난 길인데,
이렇게나 꽃이 만개했는데 나는 전혀 모르고 있었다
그러고보니 작년 이맘때에도 벚꽃놀이 노래를 부르다
집앞에 만개한 꽃을 보고는
매일매일이 벚꽃놀이였네, 했었다

그때 함께했던 이들은 다 어디로 간건지 보이지 않는다
각자의 삶에서 다른 누구와 이 꽃을 보고있을까?

과거에는 소중했지만
이제는 더이상 그럴 수 없는 것들이 마음 아픈 봄이다

다시 그곳에 갈 수 있나요

어느 책에서 리스본에 단골가게가 있다는
작가의 이야기를 읽었다
문득 바르셀로나의 카페가 생각났다
머무르는 5일 동안 4일을 갔으면 단골 아니냐는
작가의 말이 남일 같지 않았다
나는 그곳에 고작 두 번 갔을 뿐인데도
단골집처럼 느껴지니 말이다

그곳은 숙소 근처 골목에 있는 카페였다
여러 가지 디저트와 음료, 그리고 우리가 가장 열광했던
샹그리아를 통으로 파는 곳
가게 앞 테이블에 앉아 지나는 사람을 구경 할 수 있는 곳
디저트를 여러 개 시켜놓고
샹그리아를 마음껏 마실 수 있는 곳
그곳의 이름은 기억나지 않는다
그저 샹그리아의 가격이 적당해 들어간 곳이었다

그날만 생각하면 나는 기분이 좋아진다

작가는 그 후에도 리스본으로 여행을 갔고
그 단골가게에 또 찾아갔다고 한다
가게 주인의 이름도 알고 있었다

난 다시 그곳에 갈 수 있을까?
벌써 수년도 더 지나버린 이야기
앞으로 얼마나 더 흘러야
그곳에 다시 닿을 수 있을지 모르겠다
그곳이 없어져 버렸을지도 모르고
남아 있더라도 내가 다시 찾을 수 있을지도 모르겠다
그리고 다시는 그 사람들과 함께 할 수 없겠지
그게 가장 슬픈 이유인 거겠지

그립다
그날도, 그곳도, 그 사람들까지도

4부

코끝에서 크레파스 냄새가 났다

홍매색 크레파스

이불을 머리끝까지 덮었다
코끝에서 크레파스 냄새가 났다
어릴 적 손에 늘 쥐고 있던 그 크레파스

홍매색, 적갈색, 연녹색,
비슷한 듯하지만 조금씩 다른 색들의 생소했던 이름들
나는 그 이름들을 소리 내 읽으며
손끝으로 크레파스를 쓰다듬곤 했다

흔하지 않은 그 이름들이 좋았다
명확하지 않고 선명하지 않은 그 색들이 좋았다
12색 크레파스에는 없는 이름들,
48색 크레파스에만 존재하는 그 색깔들

나는 그런 사람이 되고 싶었는지도 모른다
어디에나 있고 누구나 좋아하는 색은 아니지만
누군가에게는 시간이 지나도 잊히지 않는
계속해서 소리 내어 이름 부르고 싶은
그럴수록 점점 더 특별해지는 그런
마치 홍매색 크레파스처럼

파도

사진첩을 정리하다
나폴리에서 찍었던 사진을 한 장 발견했다
배 위에서 찍은 바다 사진이었는데
배가 지나간 자리에
하얗게 파도가 일고 있는 모습이었다

잊고 있던 사진에
갑자기 가슴이 뻥 뚫리는 기분이 들었다

보고만 있어도 내 마음에 파도가 치는 것만 같아서
그 파도에 밀리고 밀려 저 멀리로 떠나갈 것만 같아서
이 불안하고 캄캄한 마음에 하얀 거품이 일었다

파인애플

'파인애플 좋아해?'

뜬금없는 내 물음에 네가 그랬잖아

'응 좋아해'

나는 그 말이,
마치 나를 좋아한다는 말처럼 들렸어
내가 너를 좋아하니까
너도 나를 좋아할 거라고 생각했어

나중에서야
네가 정말로 파인애플을 좋아한다는 걸 알게 되었지만
그래도 좋았어

그 말 한마디로
그날 하루가 충분히 행복했으니까

파인애플2

'파인애플 좋아해요'

오늘 파인애플을 좋아한다는 누군가를 만났어
이 사람도 파인애플을 좋아한대
그래서 나도 파인애플 좋아한다고 말했어

파인애플 많이 먹으면
혀랑 입천장이 다 벗겨져서 얼마나 아픈지도
아는 사람이었어
파인애플을 좋아한다던 너는 그거 몰랐잖아

나는 이제 파인애플 하면 네가 떠올라
마트에서 장을 보다가도
파인애플을 보면 네가 생각나

이제 나 어떡하면 좋지

사주

사주를 보고 왔는데
글쎄 스물여섯 살에 결혼할 남자가 지나갔다는 거야
스물여덟 살에는 왜 결혼을 안 했냐 그러더니
올해 내가 결혼을 한대

너무 재밌지 않아?
나는 지금 곁에 아무도 없는데 내가 결혼을 한다니

근데 그거 알아?
그 순간에 혹시 그게 너일까 하는 생각을 했어
나도 모르게,
그게 너였으면 좋겠다는 생각을 했어

우리가 사랑하게 되면 좋겠다고
그래서 네가 내 마지막 사랑이었으면 좋겠다고
그런 생각을 했어

너무 재밌지 않아?

설레는 상상

왜 연애를 하지 않냐고 묻자
너는 쓸데없는 기억이나 추억을 만들고 싶지 않다고 했잖아
스쳐 지나갈 인연에 마음 쓰고 싶지 않다고
그 말을 듣는데 너는 나와 참 다른 사람이구나 생각했어

나는 너무 많은 인연을 만들고
그 사람들과의 기억이 가득 찬 상태로 살아가는 사람이라서
그 추억을 먹고 사는 사람이라서
너와는 절대로 인연이 될 일이 없을 거라고
그렇게 생각했어

그런 네가 나와 연인이 되고 싶다고 말하니까
니한테 나는 스쳐 지나갈 인연이 아닌 걸까
하는 기대를 하게 돼
너의 하나뿐인 인연이 될 수도 있지 않을까
하는 희망을 갖게 돼
내게도 네가 마지막 사람이 되지는 않을까
하는 설레는 상상을 하게 돼

혹여나
너에게 쓸데없는 기억으로 남게 되는 건 아닌지
하는 걱정을 한편에 넣어두고서

그러니까 내 말은

흔들림 없는 너의 눈동자를 보고 있자니
이 세상에 없는 것을 본 기분이다
이건 아마 꿈일지도 모른다
아니면 내 기억 속 어딘가를 헤매고 있는지도

다시 같은 곳을 바라봐도 되는 걸까
다시 누군가를 믿어봐도 되는 걸까
네 손을 내가, 잡아도 될까

좋은 하루

몇 번 마주치기는 했지만
너를 밖에서 만난 건 처음이었다
만나자마자 주머니에서 감기약을 꺼내 건네는 네가
나의 쫑알거림을 귀찮은 내색 없이 들어주는 네가
걸음이 느린 나에게 맞춰 걸어주는 네가
나는 참 좋았다

헤어져야 할 시간이었지만 카페에 가자고 했다
못이기는 척 따라와 준 네가
길고 긴 지하철을 옆에 앉아서 함께해 준 네가
커피를 마시며 나를 기다려 준 네가
나는 참 좋았다

너는 날이 추우니 따듯한 사케를 마시자고 했다
우리는 찬바람이 부는 골목길을 헤매다
한적한 술집에 들어섰다
좋아하는 사케를 한 병 시켜놓고 마주 앉았다

너는 이야기를 잘 들어주는 사람이었다
상대방의 마음을 편하게 해주는 사람이었다
술기운 때문인지 너 때문인지 모르게
나는 속마음을 술술 늘어놓았고
그런 나를 너는 알 수 없는 표정으로 쳐다보곤 했다
기분 좋은 술자리였다

집으로 돌아와 침대에 누웠다
참 좋은 하루였다고
좋은 친구를 사귀었다고 생각하면서
너에게 문자를 했고
너는 나에게 좋아해도 되겠냐고 물었다

좋아한다는 말이 아닌,
좋아해도 되겠느냐고 묻는 네가
나는 참 좋았다

광장시장

하루 사이 계절이 바뀌었다
어제만 해도 서늘한 가을날이었는데
오늘은 꼼짝없이 한겨울이다
분명 춥다는 얘기를 들었지만 이 정도일 줄은 몰랐던 나는
얇은 야상 하나를 걸치고 종로를 걸어야 했다
그리고 너를 만났다

너는 짙은 와인색 코트를 입고 있었고
길고양이처럼 맨몸으로 찬바람을 맞고 있는 내게
너의 코트와 같은 색의 겉옷을 건넸다
번거롭게 하여 미안하다고 말하고는 옷을 받아들었다
입고 있던 옷과 어울리는지는 문제가 되지 않았다
나는 너무 추웠고, 너는 날 위해 옷을 가져왔으니

우리는 같은 색의 옷을 입고 나란히 걸었다
나는 빈대떡이 먹고 싶다고 했고
너는 막걸리를 마시자고 했다
우리는 그렇게 광장시장 한가운데서 겨울을 만났다

그날,
우리가 만나지 않았더라면 어땠을까?

그랬다면 나는 감기에 걸렸을지도 모르겠다
내 방 옷장에는
네 코트와 같은 색의 옷이 걸려있지 않을 테고
난 그날 빈대떡을 먹지는 않았겠지
오후 4시에 막걸리를 마시지도 않았을 거야

그날 너를 만나지 않았다면
아마 우린 아직도 가을의 끝 어디쯤에 걸쳐있겠지
각자의 계절에서
한 걸음 더 나아오지 못하고
그렇게

겨울 바다

하룻밤에도 수십 번,
너를 놓았다 다시 끌어안기를 반복했다

끝내 너를 놓지 못하고 너에게 가는 길엔 비가 내렸다
이 비를 맞고 있을 네 생각에 마음이 닳았다
빗길에 자꾸만 더뎌지는 발걸음이 미웠다

엇갈리지는 않을까
기다리다 지치지는 않을까
내 마음이 너무 늦은 건 아닐까
빗방울이 굵어질수록 내 마음도 커져만 갔다

오는 비에 머리칼이 다 젖고서야 너에게 닿을 수 있었다
마음에 네가 가득 차고서야 너를 만날 수 있었다

그날, 나는 너를 보자마자 달려가 날 기다린 너를 안고
내가 얼마나 먼 길을 돌고 돌아 너에게 왔는지
말해주고 싶었는데

날 보는 네 눈동자에 파도가 치고 있어서
그 바람에 내 마음에도 물결이 일렁여서
나는 두서없이 너에게 바다에 가자고 했다

이 겨울에 무슨 바다냐고
갑자기 무슨 소리냐고 물을 수도 있었는데
너는 말없이 고개를 끄덕였지

그 모습이 왜 그렇게 좋던지
어찌나 웃음이 나던지
난 이미 너와 단둘이 바다에 있는 기분이었다

새해 인사

새해 인사 메시지가 간간이 왔다
아무에게도 연락하지 못한 처지라
먼저 보내준 이들이 고맙고 마음이 쓰인다

나는 길지 않은 답을 보냈다
그리고 그건 내 최선의 진심이었다

작년엔 힘든 일이 너무 많았다
올 한 해는 아무도 아프지 말고 건강했으면 좋겠다
너무 힘들지는 않기를
사람 때문에 지치지 않기를
가족에게도 친구에게도 더 잘하기를

Fine

너를 다시 만나면 해주고 싶은 말이 너무 많아

보고 싶었다고
네가 많이 그리웠다고
헤어지고 싶지 않았다고
붙잡고 싶었다고
몇 번이고 너를 다시 내 옆에 데려다 놓고 싶었다고
시도 때도 없이 네가 생각나서 힘이 들었다고
너를 놓친 게 나 때문인 것만 같아서 괴로웠다고
내가 많이 좋아했다고
내가 너를 정말로 사랑했었다고
미안하다고
이 말을 네게 해주고 싶었다고 말하고 싶어

이제 너는 행복하냐고
네가 정말로 행복했으면 좋겠다고
나는 이제 행복해지고 싶다고 말해주고 싶어

감사합니다

지치고 피곤한 몸을 이끌고 집으로 돌아온다

집에 와서도 끝나지 않는 일들

내일이 되어도 지속되는 것들에

눈을 감아도 잠이 들지 않고

결국 또 다른 누군가를 위해

그리고 나 자신을 위해 몸을 일으킨다

조금씩 조금씩

아주 천천히

나의 생을 조심스레 쓰다듬고는

같은 단어를 반복해 읊조린다

감사합니다

감사합니다

눈물 나도록 감사한 생입니다

코끝에서 크레파스 냄새가 났다
© 북씨, 2022

초판 1쇄 2022년 6월 1일

글 북씨

발행인 박상오

그림 오후　**편집** 김수진 임나경　**디자인** 이희진

펴낸곳 (주)디홀릭
출판등록 2019년 6월 24일 제 2019-00124호
주소 서울 영등포구 양평로30가길 22 1층
전화 010-2973-1711
E-mail　dholic@d-holic.kr
SNS　@seonyu_seoga(선유서가 인스타그램)

ISBN 979-11-969319-7-1
값 10,000원

선유서가는 (주)디홀릭의 출판 브랜드입니다.
이 책의 판권은 지은이 북씨와 출판사 (주)디홀릭 에게 있습니다.
이 책 내용의 전부 또는 일부를 재사용 하려면 반드시 서면 동의를 받아야 합니다.